Clemens M. Hutter

ALPEN STRASSE

Wald · Krimml · Gerlos

Der Autor
Clemens M. Hutter

Dr.phil., Politologe, Soziologe und Volkskundler, ist Ressortchef für Außenpolitik bei den „Salzburger Nachrichten". Er schrieb zwei Dutzend Bücher von Zeitgeschichte über Ökologie bis Alpinistik und Skilauf. Seine besondere Vorliebe gilt den Hohen Tauern, sein Engagement dem Schutz der alpinen Landschaft und der gewachsenen Volkskultur. Dafür erhielt er u. a. den Konrad-Lorenz-Staatspreis für Umweltschutz 1989.

1. Auflage 1994
Gedruckt auf chlorfrei gebleichtem Papier.
Konzept & Produktion: IKP-Institut für Kommunikations-Planung Ges.m.b.H., Lasserstr. 4, 5020 Salzburg.
Grafische Gestaltung: Friedrich Pürstinger.
Druck: Offset 5020, Titelfoto: Rieder
ISBN 3-9500227-1-6

Clemens M. Hutter

ALPEN STRASSE

Wald · Krimml · Gerlos

Die von der Alpenstraße Krimml-Gerlos touristisch erschlossene Region aus der Vogelperspektive: Vorne der Durlaßspeicher, links darüber der Plattenkogel, dahinter

Krimml. Am Horizont links Sloweniens höchster Berg, der 180 km entfernte Triglav, und rechts die Dolomiten. BILD: RIEDER

Das Alpendorf Krimml (Höhe 1.067m) nutzte offenkundig die touristische Rente seiner Lage an einem der größten Wasserfälle der Welt. BILD: ZOBL

Krimml um 1860, gezeichnet von Professor Friedrich Simony, einem der bedeutendsten Alpinisten seiner Zeit. BILD: SALZBURGER MUSEUM CA

Wald im Pinzgau. Hier trennten sich einst die Handelswege: Einer westwärts über die Gerlos und einer südwärts über den Krimmler Tauern. BILD: HUTTER

Gerlos - zur Jahrhundertwende noch ein vergessenes Dorf in den Alpen, heute von Skifahrern und Bergsteigern sehr geschätzt. BILD: HOLLERER

Das Almdorf Königsleiten mit Blick südwärts in das Wildgerlostal und auf die Dreitausender der Reichenspitzgruppe. BILD: HUTTER

KARRENWEG ZUM GOLDSCHATZ

Der Zufall führte im Jahr 1630 erstaunliche Regie: Auf dem Rohrberg hoch über Zell am Ziller wurde ein reicher Goldfund gemacht, der den seit 1506 recht einträglichen Goldbergbau nebenan auf dem Hainzenberg weit zu übertreffen versprach. Darob flammte wieder einmal der Streit zwischen Salzburg und Innsbruck über die 1427 vereinbarte Halbe-Halbe-Teilung der Zillertaler Bergbaugewinne auf. Und aus Ärger darüber zerstörten Salzburger Knappen etliche Tiroler Schmelzanlagen im Raum von Zell am Ziller.

Auch wütete damals in Europa der dreißigjährige Krieg (1618 bis 1648), in dem das Erzbistum Salzburg mit viel diplomatischem Geschick und glaubwürdiger militärischer Abschreckung seine bewaffnete Neutralität absicherte. Doch das verschlang Unsummen.

Zudem unterstrich der hochwillkommene Goldfund auf dem Rohrberg eine alte strategische Schwäche. Das Zillertal gehörte (bis 1803) zum unabhängigen Erzbistum Salzburg. Doch der einzige Fahrweg von der Bischofsstadt in das Zillertal führte durch bayerisches und tirolisches „Ausland".

Dies alles riet nun mit Nachdruck dazu, eine „inländische" Verbindung von Salzburg in das Zillertal herzustellen. So rückten 1630 plötzlich wieder alte Pläne ins Blickfeld, den einsamen 30 km langen Saumpfad von Wald im Pinzgau über den Gerlospaß nach Zell am Ziller zu einem „Fuhrweg" auszubauen. Auf diesem könnte das Golderz von Rohrberg und Hainzenberg über die Gerlos zu den leistungsfähigen Schmelzen in Mühlbach bei Bramberg und in Lend gekarrt werden.

In einem Jahr stellten an die 70 Arbeiter dieses 3,5 m breite Sträßchen soweit fertig, daß im Sommer 1631 eine vierspännige Kutsche die holprige Eröffnungsfahrt über die Gerlos schaffte.

Dieser Straßenbau über steile Hänge und durch Felsabbrüche verschlang an die 8000 Gulden. In einem aufwendigen Vergleich von Löhnen, Preisen, Grundablösen und Geldumlauf errechnete Friederike Zaisberger, Direktorin des Salzburger Landesarchivs, für diesen Preis den heutigen Gegenwert von annähernd 80 Millionen Schilling.

Trotz hoher Gestehungskosten von zeitweise bis zu 80 Prozent lohnte dieser Auf-

wand, denn schon 1633 holten 73 Bergleute aus der neuen Rohrberger Goldgrube 13,6 kg Edelmetall im heutigen Marktwert von etwa 20 Millionen Schilling. Und jahrelang blieb der durchschnittliche Ertrag bei 10 kg Gold.
Den zu seiner Zeit weitum berühmten Naturforscher und Arzt Belsazar Hacquet lockte noch 1786 der gute Ruf dieser Goldgruben in das Zillertal. Nach fachkundigem Augenschein befand er diesen Bergbau als „bestimmt den bequemsten" in den gesamten Ostalpen. Besonders bestaunte er freilich den Riecher der Knappen für Gold: „Sie schlagen mit dem Hammer die Gesteinsart ab und bringen solche unter die Nase. Hat sie einen etwas brennenden Geruch, so enthält die Steinart Gold."
Zum Unterschied von heute zahlten damals nicht die Benützer mit einer Maut für Bau und Pflege dieses „Fuhrweges" über die Gerlos. Diese Last hatten die Bauern des Zillertales und des Oberpinzgaus zu tragen. Und das war nicht wenig, wie ein Bericht von 1633 erahnen läßt. Danach zerstörte Hochwasser „durch Gottesgewalt" zwei neue Brücken. Und auf den steilen Hängen westlich von Wald setzten immer wieder Erdrutsche dieser alten Gerlos-Straße dermaßen zu, daß Anrainer und Obrigkeit alljährlich über die Reparaturkosten feilschten. So überrascht es keineswegs, daß von dieser Straße nur mehr ein Fußweg übrigblieb, als der Goldsegen im Zillertal langsam erlosch und das unabhängige Erzstift Salzburg nach den napolionischen Wirren 1816 zu einer vernachläßigten österreichischen Provinz schrumpfte, deren Westgrenze aus dem Zillertal ostwärts auf die Gerlos verschoben worden war.
Dieser schlechte Weg über die Gerlos – genannt „Ronachweg" – war für die wenigen Wanderer und Händler mit ihren Tragpferden zumal bei trübem Wetter keineswegs ungefährlich. Der Mittersiller Pfleger (= Bezirkshauptmann und Bezirksrichter in einer Person) Ignaz Kürsinger nennt 1841 in seiner Topographie des Oberpinzgaus einen wichtigen Grund dafür: Auf der Gerlos gebe es die „sieben Möser" (Moore) mit Wasserlöchern im hohlen Boden. Das Weidevieh meide diese Löcher, weil es die Gefahr kenne. „Zur Beruhigung der Wanderer" seien jedoch Wegweiser aufgestellt worden.
Diesen Zustand rügte 1874 Baedekers Führer durch die österreichischen Alpenländer, weil der mittlerweile wieder „vielbegangene Saumweg über die Gerlos nicht besonders" sei. Trotz der Wegweiser seien ortskundige Führer in diesen von Sümpfen durchzogenen Wäldern durchaus ratsam.
An die gute alte Zeit von 1631, als erstmals ein Vierspänner über die Gerlos rollte, knüpften erst wieder 1868 touristisch weitsichtige Leute mit geradezu phantastischen Plänen an, von der neuen Inntal-Eisenbahn in Jenbach eine Bahnlinie durch das Zillertal und über die Gerlos nach Mittersill zu bauen. Die Zeitungen spendeten dieser Idee Beifall: So eine Gebirgsbahn böte den Reisenden Gelegen-

heit, „mehrere tirolische Alpen mit ihren rauchigen Hütten und zahlreichen Viehherden sowie verschiedene Gletscher und auch die Cascaden des berühmten Krimmler Wasserfalls zu sehen".

Daraus wurde ebensowenig wie aus dem Vorschlag eines initiativen Oberpinzgauers, die dringend erforderliche Bahnlinie von Salzburg nach Innsbruck über die Gerlos zu legen. Bayern hatte nämlich während des deutsch-französischen Krieges 1870/71 der Monarchie Österreich-Ungarn alle Truppentransporte auf der Bahn von Salzburg durch das „deutsche Eck" über Rosenheim nach Kufstein verwehrt und damit die kaiserlichen Generalstäbler in Alpträume über die strategische Entwicklung in Oberitalien gestürzt. Aus 14 Strecken-Varianten zwischen Pinzgau und Tirol wählten schließlich die Bahnbauer 1874/75 die Trasse über Saalfelden und Kitzbühel, weil deren Scheitelpunkt die Gerlos um fast 700 Höhenmeter unterbot.

1878 sah es eine Weile so aus, als wolle der Staat dem Oberpinzgau ein Trostpflaster verpassen: Durch den Ausbau des „Ronachweges" von Wald westwärts hinauf zum Ronachwirt und zum Gerlospaß. Leider blieb es bei schönen Worten, nachdem der happige Kostenvoranschlag im heutigen Wert von 17,6 Millionen Schilling vorgelegt worden war.

DAS ENDE DER PINZGAUER WELT

Auch die Schmalspurbahn von Zell am See nach Krimml – laut einem zeitgenössischen Bericht am 3. Jänner 1898 „gänzlich ohne Unfall" eröffnet und im Ziel nur um 2 Minuten verspätet – verhalf der alten Gerlos-Straße nicht zur Besserung, weil sich die Oberpinzgauer nicht auf ein gemeinsames Ziel verständigen konnten. Die Gemeinden plädierten für den Ausbau des „Ronachweges", die Wortführer des einheimischen Fremdenverkehrs aber beharrten auf einer neuen Straße über Krimml: Da die Pinzgauer Bahn fast 3 km vor den Wasserfällen ende, müsse eine moderne Straße erst zu diesem Naturwunder und dann weiter auf die Gerlos gebaut werden.

Schon 50 Jahre früher hatte der Pfleger Kürsinger das winzige Krimml mit seinen 59 Häusern und 344 Seelen als Ende der Welt bedauert: „In Krimml ist die Bettler-Umdräh, da sie nirgends weiterkönnen und daher wieder umkehren müssen." Den fünfstündigen mühsamen Weg auf dem Saumpfad über die versumpfte Gerlosplatte nach Tirol hinüber empfahl Kürsinger nur den „Fremden im Nothfalle", soferne sie sich „von Saumpferden tragen lassen" – zum Preis von heute 740 Schilling.

Daß Krimml nicht auf immer das Ende zumindest der Pinzgauer Welt bleiben müsse, zeichnete sich 1932 ab. Damals plädierten mächtige Leute dafür, die Tras-

se der Großglockner-Hochalpenstraße mit einem langen Tunnel durch den Alpenhauptkamm um 8 km zu verkürzen. Das löste einen hitzigen Variantenstreit aus, den Professor Leopold Örley, damals Österreichs Papst für Straßen- und Tunnelbau, mit einem denkwürdigen Gutachten entschied: Der Mehraufwand von rund 50 Prozent für die Tunnelvariante wäre ungleich sinnvoller angelegt, „um die 35 km lange Gerlosstraße fertig auszubauen, die 20 km lange Zillertalstraße für den modernen Kraftwagenverkehr befriedigend auszugestalten und die Pinzgauer Landesstraße zu verbessern". Diese Investition gäbe dem Fremdenverkehr im Zillertal und im Pinzgau unbedingt „wertvolle Impulse". Örley lenkte Wasser auf die Mühlen jener Experten, die schon damals von Skiliften auf der Gerlos und der Königsleiten träumten.
Leider vertagten Weltwirtschaftskrise und Zweiter Weltkrieg alle diese Pläne, obgleich die Gauleitung von Salzburg noch 1942 sich in einem vertraulichen Schreiben vehement für den sofortigen Ausbau des „Güterweges über die Gerlos" (= „Ronachweg") zu einer Autostraße einsetzte: „Sie wird die Hauptzubringerstraße aus dem Gebiet von München zur Glocknerstraße sein. Sie wird das ganze Jahr hindurch, besonders aber schon von Ostern ab, sehr stark befahren sein."
Es dauerte trotzdem noch bis zum Aufblühen des Wirtschaftswunders, ehe diese Ideen zur Entscheidung heranreiften. 1949 legte Franz Wallack, der Erbauer der Glocknerstraße, im Auftrag der Regierung das Projekt der neuen Gerlosstraße vor, das endlich 1960 vom Reißbrett kam und bis 1. Dezember 1962 von der „Großglockner Hochalpenstraßen AG" gebaut wurde: 12 km Straße über 558 Höhenmeter mit der Höchststeigung von 9 Prozent.
Als dann auch noch Tirol und die Tauernkraftwerke 1964 beim Bau des Durlaßspeichers die Straßenlücke zwischen Paßhöhe und dem Dorf Gerlos schlossen, waren die Unterlassungssünden früherer Zeiten vergessen: Die touristisch ungemein attraktive, 38 km lange Gerlosstraße stellte wieder die alte Verbindung zwischen zwei Tälern her. Sie schloß zudem die touristische Lücke zwischen zwei putzigen Schmalspurbahnen: Der 1898 eröffneten Pinzgauer Bahn und der 1902 fertiggestellten Zillertalbahn.

Um 1935 führte noch ein Schottersträßchen direkt aus dem Durlaßboden in Serpentinen hinauf zur Gerlos-Paßhöhe. BILD: VERKEHRSVEREIN GERLOS

DAS WUNDER STÜRZENDER WASSER

Im Jahr 1791 erscheint die „sogenannte Krimel" erstmals auf der touristischen Landkarte: als Dörfchen in einem „Amphitheater, das die herumliegenden Gebirge am Ende des Pinzgauer Tales bilden, mit einem sehr herrlichen Wasserfall gegen Mittag". Dieses Lob spendete der in jenen Zeiten als Naturwissenschafter, Geologe, Arzt und Schriftsteller in ganz Europa hochgeschätzte Professor Belsazar Hacquet. Dieser Mann hat nicht weniger als fünf voluminöse Bände über seine vielen „Bergreisen" zwischen Karpathen und Schweiz gefüllt. Damit wurde Hacquet zum touristischen Erschließer der Ostalpen – und zum Entdecker Krimmls.

Zu den Verehrern Hacquets zählte auch der bedeutende Salzburger Aufklärer, Schulreformer und Schriftsteller Franz Michael Vierthaler. In seiner „Geographie von Salzburg" nennt er 1796 die Krimmler Wasserfälle „das größte und prächtigste Schauspiel in dem Land (Salzburg), welches die Natur an Schönheiten dieser Art so sehr ausgezeichnet hat". Vierthaler wußte, wovon er sprach: Sechsmal hatte er das Erzstift Salzburg durchwandert, zu dem bis 1803 auch noch das Zillertal gehörte, und er hatte im Jahr 1800 sogar an der Erstbesteigung des Großglockners teilgenommen.

Hacquets und Vierthalers Vorliebe für die Berge, die Natur und die einfachen Bauern beeindruckte auch den leutseligen Erzherzog Johann, einen großen Reformer und Alpinisten. Sein Versuch von 1828, mit einer Expedition erstmals den Großvenediger zu ersteigen, mißlang zwar. Doch nützte Johann die Möglichkeit, endlich die berühmten Krimmler Wasserfälle zu besuchen. Daß sich seine „durchlauchtigste kaiserliche Hoheit" von diesem Wasserspiel ungemein beeindruckt zeigte, sprach sich schnell herum, vor allem in der noch sehr jungen Zunft der Reiseschriftsteller. Und das hatte Folgen.

So schrieb etwa der weitum geschätzte Baedeker-Vorfahre Franz Carl Weidmann 1845, daß man hinter Krimml „den schönsten Wasserfall der Monarchie schaut, sicher einen der schönsten von Europa".

Drei Jahre später irritierte es zwar den reiselustigen Freiherrn von Augustin, daß der Weg von Wald nach Krimml „jeden Augenblick durch eine Verzäunung geschlossen" sei. Auch das einzige Wirtshaus in Krimml sei äußerlich „nicht einladend", innen aber überraschend „bequem und rein". Das alles nahm der Freiherr aber gerne in Kauf: „Der Krimmlerfall biethet ein Schauspiel dar, welches eine eigene Reise verdient, denn seine Großartigkeit und Schönheit steht über alle Begriffe und dem Spiel der reichsten Phantasie."

Wer sich damals diesen Genuß gönnen wollte, mußte tief in die Tasche greifen oder gut zu Fuß sein. Bis zum Bau des Pinzgauer Bähnchens 1897/98 war nämlich Mittersill die Endstation des Poststellwagens. Die restlichen 32 Kilometer bis Krimml kosteten entweder viel Schweiß auf Schusters Rappen oder aber im Zweispänner bei durchschnittlichem Tempo von 7 km nach heutigem Geldwert annähernd 1400 Schilling.

Vermutlich daran scheiterte die Idee des Zeller Arztes Wolfgang Oberlechner. Er hatte im Jahr 1803 die Krimmler Wasserfälle für natürliche Spritzbäder vornehmlich jenen Städtern empfohlen, die an Nervenschwäche, Kummer, Schlafstörung und Wahnsinn leiden.

An internationaler Werbewirkung freilich war der deutsche Professor Adolf Schaubach mit seinem fünfbändigen Werk „Die deutschen Alpen" von 1846 nicht zu übertreffen. Dieser erste alpine Tourenführer machte das „Bergreisen" mit detaillierten Angaben über Wege, Verkehr, Wirtshäuser, Almhütten (Verpflegung und Nächtigung), „Volkscharakter" und Kulturgeschichte für die wachsende Zahl der Naturfreunde überhaupt erst plan- und berechenbar. Schaubach widmete der „großen Scene" von Krimml und dem Wasserfall volle sieben Seiten.

Schaubach schrieb für ein neues Zeitalter: Die Eisenbahn – preiswert, schnell und für Massentransport geeignet – erschloß die Gebirgstäler. Und die um 1860 entstandenen alpinen Vereine organisierten das Bergsteigen im großen Maßstab. So nahm sich auch 1872 die Zeitschrift „Alpenfreund" aus Gera, damals Marktführer in der Alpin-Literatur, der Krimmler Wasserfälle an: „Wie viel ließe sich hier thun zur Verbesserung der verwahrlosten Wege! Doch wir sind nicht in der Schweiz, und hierorts scheint kein Wirth die Vortheile zu ahnen, die ihm eine solche Verbesserung verschaffen würde, um den herrlichen Wasserfall zum herrlichsten des ganzen Alpengebietes umzugestalten."

Dies hatte schon 40 Jahre vorher der ungemein rührige Pfleger Kürsinger in Angriff genommen. Er ließ einen Treppenweg zum untersten der drei Wasserfälle und dort je einen Unterstand für Touristen und für Maler zum Schutz vor dem gischtenden Wasser bauen.

Leider waren diese Anlagen mittlerweile verfallen, wiewohl der „Alpenfreund" berichtete, daß jährlich schon „tausend Fremde aus der Ferne, besonders Engländer und Amerikaner, in dieses verborgene Eldorado pilgern". Diesen Befund ergänzte der „Alpenfreund" mit dem Bedauern darüber, daß Krimml zunehmend vereinsame, weil die 1875 durch den Pinzgau gebaute Eisenbahn leider nicht über die Gerlos nach Tirol führe.

Trotzdem plante der Alpenverein 1876 einen Weg samt Brücken und Aussichtskanzeln entlang den drei Katarakten der insgesamt fast 400 Meter hohen Krimmler Wasserfälle. Allerdings sperrte sich die Krimmler Gemeindevertretung ein Jahr lang gegen die vorgesehene Auflage, die Erhaltung dieser Anlage zu übernehmen. Begründung: Der Fremdenverkehr bringe dem Dorf keinen Gewinn.
Bessere Einsicht setzte sich trotzdem durch, und so wurde die neue Steiganlage 1879 feierlich eröffnet. Sie kostete nach heutigem Geldwert 232.000 Schilling; davon bezahlten der Alpenverein 198.000 und das Land Salzburg 32.000 Schilling. Zu Recht jubelte der Alpenverein: „So wurden die Krimmler Fälle, das köstlichste Kleinod der Alpen, zu wahrer, vollständiger, klarer Darstellung gebracht."
Wie eindrucksvoll, das bezeugt nicht nur der touristische Zuwachs binnen 35 Jahren von einem Wirtshaus im Krimml auf ein Hotel und zwei Gasthöfe. Auch die Festschrift des Freiherrn Rudolf von Freisauff über die Bedeutung der neuen Schmalspurbahn von Zell am See nach Krimml stellte 1898 den Wandel heraus: Bisher hätten nur jene „wenigen fashionablen Fremden Krimml besucht, welche sich die ziemlich kostspielige Wagenfahrt von Zell am See gönnen konnten" (nach heutigem Geldwert an die 2500 Schilling). Dank der neuen Bahn sei Krimml jetzt „Zielpunkt von tausenden begeisterten Naturfreunden. Die Züge sind dicht besetzt, und was in Krimml irgendwie zur Beherbergung für Fremde dienen kann, ist Tag für Tag vergriffen."
Ein touristisches Wirtschaftswunder also. Die Bahn sollte nämlich vor allem den Holzhandel im Oberpinzgau ankurbeln. Immerhin waren von den 44 Wagen nur 12 für den Personenverkehr, aber 19 für den Holztransport bestimmt.

Das alte Krimmler Tauernhaus um 1885 noch lange bevor es aufgestockt und mit zeitgemäßem Komfort ausgestattet wurde. Bild: Salzburger MuseumCA

Blick von Gerlos zum Plattenkogel, den Skiläufer wegen seiner sanften Pisten den „nettesten Glatzkopf der Alpen" nennen. BILD: LUDWIG

Die „sieben Möser" in Hochkrimml, ein streng geschütztes Biotop auf der Scheitelstrecke der Gerlos-Alpenstraße. Jenseits dieses Moores fällt das Auge auf die sanften

Grasberge im Grenzgebiet zwischen Salzburg und Tirol: Links der Salzachgeier und rechts der Ronachgeier. BILD: HUTTER

Im einsamen Revier der Hochalpinisten: Blick vom Aufstieg zur Wildkarspitze über das Wildgerlostal zur Reichenspitzgruppe. BILD: RETTER

Im sanften Revier der Bergwanderer: Weite Almböden zwischen Salzachursprung und Salzachjoch nördlich der Gerlospasses. BILD: HUTTER

Aussichtspunkt an der Alpenstraße: Durlaßspeicher, Wildgerlostal, der vergletscherte Gabler und die Reichenspitze. BILD: RIEDER

Johann Fischbach (1797–1871) war einer der bedeutendsten Landschaftsmaler seiner Epoche. Er schuf dieses Bild 1852. BILD: SALZBURGER MUSEUM CA

Dieses Bild erklärt hinreichend, warum jährlich hunderttausende Menschen das Naturwunder der Krimmler Wasserfälle bestaunen. BILD: RIEDER

Das gewaltige Ausmaß von fast 400 Metern Sturzhöhe wird bei den Krimmler Wasserfällen mit wachsender Entfernung immer besser erkennbar. BILD: HUTTER

Das Rainbachtal, das beim Tauernhaus in das Krimmler Achental mündet, ist charakteristisch für den hochalpinen Nationalpark Hohe Tauern: Eine unberührte

Landschaft der Felsen, Gletscher und Gebirgsbäche. Im Hintergrund die Urgestein-Gipfel der Reichenspitzgruppe. BILD: RETTER

In weichen Kehren überwindet die Alpenstraße zwischen Krimml und Gerlospaß das Steilstück bei der Schönmoosalm. BILD: HUTTER

Fahrt durch die streng geschützte Landschaft zwischen den „sieben Mösern“ und dem Plattwald auf der Scheitelstrecke. BILD: RIEDER

Diese dekorative Ansicht von Krimml malte 1793 August Naumann (1749–1795), ein Sachse, der in Salzburg als „Ingenieur-Lieutenant und Kabinetts-Zeichenmeister“

des Fürsterzbischofs wirkte. Mit seinen naiven Veduten machte Naumann Salzburgs Reize weitum bekannt. BILD: SALZBURGER MUSEUM CA

Schönwetter nimmt dem Hochgebirge die abweisende Härte: Wanderung auf 1.600 Metern Seehöhe durch das Krimmler Achental. BILD: RIEDER

NATIONALPARK STATT GROSSKRAFTWERK

Just zu dem Zeitpunkt, da mit der neuen Pinzgauer Bahn naturbegeistertes Publikum beinahe massenhaft nach Krimml dampfte, schielte 1899 eine Wiener Firma begehrlich auf die Wasserfälle. Der Standort für eine große Fabrik in Krimml war verlockend: Billige Arbeitskräfte, eine Bahn zum Markt und dazu Energie vom höchsten Wasserfall Europas. Dieser sollte 12 m^3 Wasser je Sekunde – an die 40 Prozent des Dargebots im Jahresmittel – für 19 Turbinen mit einer Gesamtleistung von 20.000 kW abgeben. Zum Glück entschied letztlich der Rechenstift gegen dieses Projekt.

Das focht indessen die Kraftwerker nicht an, die ab 1928 einen Plan nach dem anderen erdachten, um die gewaltigen Wasserreserven der Hohen Tauern dem steigenden Energiebedarf der deutschen Industrie dienstbar zu machen. Danach sollten im Krimmler Tal bis zu 180 Millionen Kubikmeter Wasser aufgestaut werden – mehr als der Inhalt des Zeller Sees – und jährlich bis zu 155 Millionen kWh Strom liefern. Etwas später in Hitlers tausendjährigem Reich argumentierten die Energie-Experten allen Ernstes, daß mit dem Weißen Gold der Tauern Deutschlands wertvolle Kohlereserven für die Herstellung von künstlichem Benzin geschont würden.

Noch 1950 mußten die alpinen Vereine und die österreichische Akademie der Wissenschaften die Öffentlichkeit mobilisieren, um den Plan abzuwehren, die Krimmler Ache „nur während des Winters und im Sommer nur während der Nachtstunden" für ein Großkraftwerk im Zillertal anzuzapfen. Damals tauchte ein hervorragender Gedanke auf, der später dem Nationalpark Hohe Tauern Pate stand: An Österreichs Natur sei nicht allein das Maß der Nützlichkeit, sondern auch der Ethik und der Ästhetik zu legen.

Der Salzburger Landtag begriff den Trend und forderte 1952 den Schutz der Krimmler Wasserfälle. Schon im Jahr darauf zogen die Kraftwerker ihr Krimml-Projekt zurück, nachdem ein Antrag auf Volksbefragung zum Schutz der Krimmler Wasserfälle österreichweit 120.000 Unterschriften bekommen hatte.

1958 wurden das Krimmler Achental und die Wasserfälle zum Landschaftsschutzgebiet erklärt, 1961 gewannen diese Kaskaden amtlich den Rang eines Naturdenkmals. Und das schuf die Voraussetzungen dafür, daß das Ministerkomitee des Europarats 1967 die überregionale Qualität dieser Wasserfälle mit dem „Europäischen Diplom für Naturschutz" auszeichnete. Seit 1984 schließlich sind die Krimmler Wasserfälle ein Glanzstück des neuen Nationalparks Hohe Tauern und damit endgültig unantastbar.

Das sichert nicht allein das grandiose Schauspiel eines Wasserfalls, der mit fast 400 Metern Sturzhöhe Rang eins in den Alpen und Rang fünf in der Welt behauptet. Vielmehr führt dieser Wasserfall höchst eindrucksvoll den Rhythmus eines Gletscherbaches vor.

In ihrem Einzugsgebiet von 110 km² wird die Krimmler Ache von 23 Gletschern gespeist, die je nach Tages- und Jahreszeit mehr oder weniger Wasser abschwitzen. Nach den Gezeiten des Jahres führt diese Ache je Sekunde zwischen 10 und 83 m³ Wasser. Die Wasserfracht eines durchschnittlichen Tages in der Gletscher-Schmelzperiode von Mai bis August schwankt zwischen 20 und 35 m³. Gegen Mittag erreicht die Ebbe den Wasserfall, weil die Gletscher am frischen Morgen im Hochgebirge am wenigsten Wasser abgeben. Am Abend hingegen führt der Wasserfall Flut, die von der Mittagshitze ausgelöst wird.

Es leuchtet ein, daß dieses außerordentliche Naturschauspiel eine stetig wachsende Zahl von Besuchern anzieht: Noch bescheidene Tausend vor dem Bahnbau, 1905 bereits 8.600, 165.000 im Jahr 1960, 575.000 1990 und 1992 schon 696.115.

Die älteste Ansicht Krimmls, benannt nach dem Mittelhochdeutschen für „Krümmung" (des Tales), von Karl Schneeweis aus 1785. BILD: SALZBURGER MUSEUM CA

TAUERNHÄUSER UND TAUERNHANDEL

In unserer Zeit verkehrte weltweiter Raubbau an der Natur die uralte Angst der Menschen vor dem Berg in die Angst um den Berg. Deshalb stellt der Nationalpark Hohe Tauern die unberührte alpine Natur unter strengen Schutz. Ehe die Menschen wußten, wie Gewitter, Hagel und Lawinen entstehen, mieden sie das Gebirge als vermeintlichen Tummelplatz von Geistern, Hexen und Ungeheuern. Zum Beispiel endeten 1575 der Pfarrer von Bramberg und seine Haushälterin auf dem Scheiterhaufen, weil sie vom abergläubischen Volk wegen „Wettermachens" vor Gericht gebracht und also wegen „Hexerei" zum Feuertod verurteilt worden waren.

Trotzdem lockten Jagd, die Suche nach Edelmetall und der Handel von altersher unternehmungslustige Leute in das weglose und abweisende Gebirge oberhalb der Almen und der Waldgrenze. Vermutlich wagten sich schon in der Bronzezeit gelegentlich Menschen über den Krimmler Tauern. Das ist zwar der weitaus höchste Tauernpaß (2633 m), doch auch die kürzeste Verbindung zwischen Salzburg und Südtirol.

Urkunden verraten uns, daß 1154 Wein über den Krimmler Tauern nordwärts gesäumt wurde. Und in seiner lateinischen Autobiographie schreibt Kaiser Karl IV. (Regierungszeit 1346 – 1378), er sei schon 1340 von Bayern durch das Erzbistum Salzburg zum Schloß Taufers gereist. Zu dieser Burg, die 15 km nördlich von Bruneck den Zugang zum Ahrntal beherrscht, führt von Salzburg nur der Weg über den Krimmler Tauern.

Übrigens gewann dieses Schloß im 16. Jhd. erhebliche Bedeutung im Kampf des Tiroler Salzbergbaues gegen die Salzschmuggler, die das erheblich preiswertere Halleiner Salz anscheinend ebenso massenhaft wie gewinnbringend über den Krimmler Tauern schleppten. Deshalb stiftete auch die Saline von Hall in Tirol dem Burghauptmann von Taufers Naturalien im stolzen Wert von heute rund 80.000 Schilling als Leistungsanreiz für die scharfe Jagd auf Schmuggler.

Sicher nicht dieser Schmuggler wegen legten die Salzburger Erzbischöfe im 14. Jahrhundert in den Talböden vor vier der acht Tauernpässe strategisch geschickt gewählte Stützpunkte an: Die „Tauernhäuser", von denen aus Wanderer, Pilger oder Säumer mit ihren Rossen bei gutem Wetter die Tauernkette leicht an einem Tag überqueren konnten. Einen Tagesmarsch jenseits des Krimmler Tauern war

der Südtiroler Stützpunkt Kasern/Heiligkreuz am Ende des Ahrntales. Damit aber diese „Tauernhäuser" der Christenpflicht genügen konnten, Mittellosen oder Verunglückten beizustehen und so den transalpinen Handel überhaupt erst möglich zu machen, erhielten die „Tauernwirte" vom Salzburger Erzbischof Getreide als „Provision" und dazu noch das Schankrecht und die Befreiung vom „Umgeld" (= Alkoholsteuer). Der Wirt des Krimmler Tauernhauses war mit jährlich je rund 500 kg Roggen und Hafer besser als alle seine Kollegen bedient.
Hingegen bedachte Tirol schon im 16. Jahrhundert den Stützpunkt Kasern mit einer jährlichen Provision von 630 kg Roggen – „von wegen Kappen, Handtuch, Schneereifen und Flaschen über den Tauern zu leihen". Diese Ausrüstung für den mühsamen Weg über den Tauern mußten die Wanderer im Krimmler Tauernhaus für den Gegenverkehr wieder abliefern.
In Verbindung mit einer mageren Viehwirtschaft sollte sich so ein Tauernhaus „in der groben Wildnis" selbst tragen. Allerdings verpflichteten das Privileg einer „Tauernprovision" alle Tauernwirte auch dazu, die Paßwege instand zu halten, mit Stangen zu markieren und tödlich Verunglückte auf den nächsten Ortsfriedhof zu bringen.
Zum Glück blieben Unfälle auf dem Krimmler Tauern die ganz seltene Ausnahme. Die Krimmler Sterbebücher registrieren seit 1724 lediglich 14 Todesfälle auf dem Tauern: elf Erfrorene und 3 Entkräftete.
Anscheinend blühte der transalpine Handel mit Salz, Wein, Schnaps und Eisen über den Krimmler Tauern sehr schnell auf. Denn bereits 1551 ließ die Obrigkeit den rund 21 km langen Saumpfad von Krimml bis zum Tauern auf rund einen Meter verbreitern, damit nicht „Rinder, Roß und Wein zu Schaden kommen und auch die Menschen keine Gefährlichkeit leiden müssen". Dieser Bau kostete 600 Gulden – gemessen am Viehpreis einst und jetzt mindestens 3,5 Millionen Schilling. Und das war noch recht preiswert. Denn ein erzbischöflicher Finanzbeamter errechnete hinterher, daß die Arbeit der zwölf Wegmacher in den schwierigen Abschnitten des Windbachtales mehr als das Doppelte wert gewesen wäre.
Noch 300 Jahre später bewunderte der weitgereiste Professor Schaubach 1846 diesen Weg besonders in den Felspassagen entlang dem Wasserfall: „... scheinen Riesen angelegt zu haben, wenn nicht vielleicht nach der Sage der Teufel selbst; denn die größten Granitblöcke sind zum Pflastern des Weges verwendet, wenn auch nur roh nebeneinander gesetzt."
Damals freilich war der transalpine Handel schon zu den ersten „Kunststraßen" und alsbald auch zu den Eisenbahnen abgewandert. Allerdings berichte Kürsinger 1841, daß über den Krimmler Tauern „viel Groß- und Kleinvieh getrieben" werde. Und das über einen „sehr steilen, schwierigen und verwahrlosten Maultierpfad", wie 1837 ein englisches Reisehandbuch diesen Tauernübergang be-

schrieb. Die Südtiroler Bauern aus dem Ahrntal störte das durchaus nicht. Seit 1830 kauften sie sich im Krimmler Achental an und besaßen dort 1910 schon 13 der 22 Almen. Und noch heute treiben sie alljährlich hunderte Rinder und Schafe über den Tauern; ein zuweilen halsbrecherisches Unternehmen, wenn im Frühjahr noch steile Schneefelder zu queren sind.
Mühsam erwarben auch jene ladinischen Wandermaler ihr Brot, die zwischen 1841 und 1859 ausgerechnet über den Krimmler Tauern nach Österreich zogen und ihre Namen in der getäfelten Gaststube des Krimmler Tauernhauses verewigten. Diese geschickten „Coloristi" aus den kargen Tälern rings um die Marmolata fragen nördlich der Alpen von Tür zu Tür, ob sie nicht Möbel oder hölzernes Hausgerät bemalen dürften.
Schaubach verdanken wir auch die erstaunliche Beobachtung von 1845, daß sich bei der Hölzlahner Alm – halbwegs zwischen Krimml und dem Tauernhaus – am Ufer der Ache „zu Zeiten nomadisierende Drechsler ansiedeln, deren Drehbänke die Kraft des Wassers treibt, während sie herrenloses Holz benutzen, um allerlei Geräthe wenigstens aus dem Rohesten herauszuarbeiten und dann leichter fortzuschaffen". Und noch 1891 berichtete das Jahrbuch des Alpenvereins, daß ein Drechsler an dieser Stelle eine kleine Mühle gebaut habe: „Hier dient ihm die Wasserkraft zur Herstellung der gedrehten hölzernen Milchschüsseln, die auf den Almen gebräuchlich sind."
Daß die Bewohner armer Gebirgstäler ihre besonderen Fähigkeiten auf monatelanger Wanderschaft im Ausland mitunter sogar sehr einträglich an den Mann brachten, bezeugen neben diesen Drechslern und „Coloristi" auch die Lungauer „Schauschneider" (Viehkastrierer), die Defereggger Teppichhändler oder die Zillertaler „Nationalsänger". Gerade diese warben mit Lied und Tanz ausnehmend erfolgreich für ihre schöne Heimat und verbreiteten weltweit ein Lied, das 1818 erstmals in der Kirche von Oberndorf bei Salzburg erklungen war: Das „Stille Nacht", verfaßt von Dorfkaplan Josef Mohr und vertont von Landlehrer Franz X. Gruber.
Gelegentlich strömte auch das pure Elend durch das Krimmler Achental. So trotz Schnees zur Jahreswende 1918/19, als italienische, russische und serbische Kriegsgefangene südwärts über den Tauern ebenso schnell nach Hause zu kommen hofften wie die Österreicher, die von der Italienfront nordwärts hasteten. Diesen Spuren folgten im Sommer 1945 an die 10.000 Soldaten der geschlagenen deutschen Wehrmacht.
Zwei Jahre später entdeckten jüdische Hilfsorganisationen den schlecht bewachten Krimmler Tauern als Schlupfloch für den Exodus in das von den Briten gesperrte Palästina. Die Krimmler Gendarmerie-Chronik berichtet, daß im Sommer 1947 täglich bis zu 250 „katastrophal ausgerüstete" Überlebende des

Holocaust in LKW aus Flüchtlingslagern nach Krimml gebracht und in zwei Tagen über den Tauern nach Italien geführt worden seien – insgesamt etwa 8000 Menschen. Doch dieser Strom des Elends versiegte so schnell, wie er angeschwollen war. Im Mai 1948 entstand der Staat Israel, den niemand mehr auf Schleichwegen erreichen mußte.
Mittlerweile erschließt das Krimmler Tal eine ausnehmend eindrucksvolle hochalpine Szenerie im Nationalpark Hohe Tauern. Das empfand Adalbert Zöhnle 1872 in einem Bericht für den „Alpenfreund" in Gera über das Krimmler Achental und besonders über das Windbachtal ganz anders: „Wahrhaftig, hätten die heiteren Griechen dieses Thal gekannt, sie hätten hierher ihre freudlose Unterwelt verlegt, so vortrefflich würde es sich nach ihren Begriffen zu einem Reiche der Schatten eignen."

Die Hotels auf diesem Bild von ca. 1905 kennzeichnen Krimml schon als „Sommerfrische"; so hieß damals der Urlaub. BILD: SALZBURGER LANDESARCHIV

Wald um die Jahrhundertwende. Links im Bild ist an der Salzach das Gleis der neuen Schmalspurbahn erkennbar. Bild: Salzburger Museum CA

Idylle aus der „guten alten Zeit“: Gerlos um 1890, noch ohne Stromleitung und erschlossen nur von einem Karrenweg. Bild: Verkehrsverein Gerlos

Gerloser Blasmusiker mit dem charakteristischen Zillertaler Hut und Krimmlerinnen in kleidsamer Sonntagstracht. BILD: LUDWIG

BILD: RETTER

Bauerntracht aus Wald, gemalt um 1850 vom volkstümlichen Kirchenmaler Josef Rattensperger (1807–1866) aus Bruck im Pinzgau. BILD: SALZBURGER MUSEUM CA

Krimmler Glockentürmchen und ein Meisterstück vom Kupfnerhof in Gerlos: Einbindung („Malschrot“) der Zwischenwand in die Hauswand. BILD: HUTTER

Das bodenständige Reindl-Gut halbwegs zwischen Krimml und Wald; erbaut 1636 und beispielhaft stilgerecht modernisiert 1936. BILD: HUTTER

Das Krimmler Tauernhaus bot jahrhundertelang allen jenen Unterkunft und Zuflucht, die den Krimmler Tauern übersteigen mußten. BILD: HUTTER

Klassizistischer Kranz und moderne Darstellung des Almauftriebes: das vollauf bodenständige Aushängeschild des „Walderwirtes". BILD: HUTTER

In der alten Gaststube des Tauernhauses verewigten sich Wandmaler aus dem Fassatal, die einst hier vorbeizogen. BILD: RIEDER

Halsbrecherischer Viehtrieb von den Almen im Achental heimwärts über den 2.633 m hohen Krimmler Tauern nach Südtirol. BILD: RIEDER

Die Bauern – von der Natur abhängig wie sonst kein Beruf – feiern Erntedank in Krimml, denn „an Gottes Segen ist alles gelegen". Bild: Rieder

Wald um 1817, gezeichnet von Karl Viehböck (1769–1827), einem Offizier und Vedutenmaler mit Sinn für topographische Genauigkeit. BILD: MUSEUM CA

ENERGIE, WASSER UND HOLZ

Der Mittersiller Pfleger Ignaz Kürsinger bewertete 1841 die Moore auf der Gerlos als „große Vorratskammer für Torf, der ein wichtiges Ersatzmittel für das sich allmählich vermindernde Holz abgiebt". Ehe die Eisenbahn den erschwinglichen Massentransport von Kohle zuließ, war Holz – auch in Form von Holzkohle – der einzige Energieträger. Mit Holz wurde geheizt, gekocht und beleuchtet. Vor allem der Bergbau fraß Wälder geradezu massenhaft. So verbrauchte der Salzbergbau von Hallein seit dem Mittelalter bis zur Ankunft der Eisenbahn 1871 für die durchschnittliche Jahresproduktion von 22.000 Tonnen Salz einen Holzstoß von (theoretisch) 1 m Höhe, 1 m Breite und 155 km (!) Länge.

Seit Anbruch des Kohle-Zeitalters um 1860 (und später dem Einsatz von Erdöl und Elektrizität) stieg der Anteil des Waldes an der Fläche Salzburgs von rund einem Viertel wieder auf knapp die Hälfte. Dafür wird der Wald heute nicht mehr von der Säge, sondern vom giftigen Hauch fossiler Brennstoffe bedroht.

Bis herauf zum Eisenbahnzeitalter wurde Holz auf Flüssen getriftet. Der zu seiner Zeit sehr geschätzte Reiseschriftsteller Franz Carl Weidmann vermerkte 1845 in seinem Touristenhandbuch über Salzburg, daß Krimml regelmäßig 240 Klafter (= 972 m^3) besonders hochwertiges Zirbenholz nach Hallein getriftet habe.

Wo diesen Holztransport aus den Bergwäldern nicht ein größeres Gewässer wie die Ache ab Krimml besorgte, wurde „geklaust": Gefällte Bäume wurden auf „Drehlinge" von 1,2 m Länge zerkleinert und über die Bergflanken in die Täler hinabgelassen. Diese Arbeit erledigten Knechte, die es über den Sommer im Akkord auf durchschnittlich 2000 Drehlinge brachten und für diese Schwerarbeit den überdurchschnittlichen Saisonlohn von heute etwa 70.000 Schilling bekamen. An geeigneten Engstellen der Bergtäler wurden „Klausen" angelegt: Erddämme mit großen Holzportalen, hinter denen sich Wasser staute. Bei Bedarf wurden diese Portale aufgestoßen, und ein künstliches Hochwasser schwemmte die Drehlinge in den nächsten Fluß und weiter an den Bestimmungsort.

Seit Jahrhunderten wurde in großem Stil auch aus der Wilden Gerlos Holz u. a. für den Bedarf der Goldgruben bei Zell am Ziller getriftet. Die Klause stand an einer Engstelle, die treffend „Durchlaß" für die Wilde Gerlos hieß. Daher stammt der Name „Durlaßboden".

„Zur Förderung der Holzschwemme“ geruhte noch 1844 Erzherzog Franz Karl „Höchstdero Namen“ einer neuen Klause auf dem Durlaßboden zu geben. Der Chronist notierte damals, daß der Erzherzog mit einem Boot über jenen See gefahren sei, den die Wilde Gerlos hinter der Klause auf dem Talboden aufgestaut hatte. Schließlich schlug seine kaiserliche Hoheit mit einem Hammer auf einen bestimmten Holznagel, „worauf das Klausenthor aufsprang und die Wassermasse in die Tiefe stürzte“.
Taleinwärts freilich blieb im Wildgerlostal noch reichlich Almboden für die Viehzucht frei. Der Schriftsteller und Maler Josef Kyselack zählte dort 1825 noch 13 Sennhütten „wie ein Dörfchen vertraulich gereiht“. Dieser weite Durlaßboden beflügelte allerdings auch die Phantasie der Techniker, als der Gesetzgeber 1958 das Krimmler Tal und die Wasserfälle endgültig dem Zugriff der Energiewirtschaft entzogen hatte. Zwischen 1964 und 1966 entstand hier der Speicher Durlaßboden, der 50 Millionen m^3 Wasser faßt. Diese Wassermassen erzeugen in den Krafthäusern Funsingau und Gerlos alljährlich 314 Millionen kWh Spitzenstrom – rund ein Siebentel der Kraftwerksgruppe Zillertal.
Alle diese Energiepläne reichen in die Zwanzigerjahre zurück, und das erklärt auch zwei bemerkenswerte Episoden.
1938 wurden wieder einmal eine „richtige“ Gerlos-Straße und auch das Gerlos-Kraftwerk entworfen. Deshalb ordnete die Gauleitung Salzburg im Juni 1942 an, daß die Gerlos-Straße „in den Wald gelegt werde, sodaß der nur zeitweise mit Wasser bedeckte Uferstreifen (des Durlaßspeichers) wenigstens von der Höhe aus unsichtbar wird“. Zudem müsse der Durlaß-Schüttdam „an der Luftseite in Form und Bewuchs eine Art Talschluß bilden“. Das geschah auch 20 Jahre später.
Nach dem Sturz des italienischen Diktators Mussolinis 1943 ordnete Berlin an, dem umgefallenen Bündnispartner Italien den wertvollen Südtiroler Strom abzudrehen und diesen stattdessen größtenteils der Rüstungsindustrie in der „Ostmark“ (= Österreich) zuzuführen. Dazu bedurfte es noch einer Hochspannungsleitung aus dem Zillertal über die Gerlos nach Kaprun. Wohl jammerten etliche Oberpinzgauer Bauern, daß dann die Leitungsmaste die Feldarbeit wesentlich erschweren würden. Doch die Nazi-Behörden zogen im Juli 1944 die Enteignung der erforderlichen Grundstückchen rigoros durch.
Freilich genas die deutsche Rüstungsindustrie an Südtiroler Strom auch nicht mehr. Die Gerlos-Leitung wurde erst 1946 gebaut. Sie ist bis heute der einzige Verbund zwischen Tirol und dem Rest von Österreich.

BRAUCHTUM, NOT UND GLAUBE

„Der sittliche Charakter des Landvolkes ist bis zum Aberglauben andächtig." So beschrieb 1796 der gelehrte Jesuit Lorenz Hübner in der ersten Topographie Salzburgs die Oberpinzgauer. Freilich kreidete er ihnen auch an, daß sie mit Branntwein aus dem Zillertal ihr Geld verpraßten und die lächerliche Zillertaler Mode des Tabakkauens nachäfften.
Hingegen hatte Franz Anton Reisigl, ein erzbischöflicher Beamter in Mittersill, schon 1786 Anstoß an den lockeren Sitten in Krimml genommen: Im einzigen Wirtshaus des Ortes hätten „junge Leute beyderley Geschlechts sogar an Werktägen bis in die späte Nacht getanzt wegen der weiten Entfernung der Obrigkeit und der Polizey". Nun aber residiere in Krimml seit zwei Jahren ein Vikar, der mit diesen Unsitten und den „so gut bekannten blauen Montagen" aufgeräumt habe. Im Zillertal ging es (theoretisch) sittsamer zu. Die Wirtshäuser hatten um 20 Uhr Sperrstunde. Kartenspiel war nur in den Gaststätten und dort auch nur den Einheimischen erlaubt. Tanz blieb auf Hochzeiten und die letzte Faschingswoche beschränkt.
In der Praxis sah das anders aus, wie Belsazar Hacquet 1791 beschrieb – ein Mann, der Europa von der Bretagne bis zum Bosporus vielfach durchmessen hatte: „Die Tänze der Zillertaler sind von den allergewaltigsten, die ich kenne; denn nebst dem ungemein ermüdenden Stampfen der Füße machen die Tänzer ganz besondere Bocksprünge und gewaltige Krümmungen des Leibes. Trotzdem gehen sie nach stundenlangem Tanz mit Anbruch des Tages der schwersten Feldarbeit so nach, als hätten sie sich lange ausgerastet."
Die Zillertaler und die Oberpinzgauer lebten bis zum großen Aufschwung des Fremdenverkehrs nach dem Zweiten Weltkrieg durchaus nicht auf der Butterseite des Alltags. Da bedauerte beispielsweise der Schriftsteller und Maler Josef Kyselak 1825 die Menschen im Gerlostal, weil sie in „dürftigen Hütten" lebten und „mit Kindern reicher als mit Nahrung ausgestattet" seien. Lediglich ein bißchen Hafer, ein Rübenfeld und etliche Erdäpfel bewahrten sie „vor dem gänzlichen Erhungern".
Und im Oberpinzgau wehrten sich die Bauern mit den „Reifheizen" gegen Naturkatastrophen: Wann immer klare und kalte Nächte mit Frost drohten, wurden um Mitternacht riesige Haufen von Holz und feuchtem Laubwerk angezündet,

damit sich möglichst viel Rauch schützend über Felder und Blüten lege. Stellt man noch in Rechnung, daß damals eine Entzündung des Blinddarms („Bauchgrimmen“) oder der Lungen Todesurteile waren; daß die bäuerliche Bevölkerung keinerlei sozialen Schutz genoß; daß bäuerliches Gesinde nur in Ausnahmefällen die amtliche Heiratserlaubnis bekam, weshalb rund ein Drittel der Kinder den Makel „ledig“ trug und von einem Kostplatz zum anderen herumgestoßen wurde – dann erscheint als Bestes an der „guten alten Zeit“, daß sie vorbei ist.
Daran führt auch nicht die Nostalgie nach Brauchtum vorbei. Gewiß, Brauchtum ordnete das Leben unserer Vorfahren, indem es soziales Verhalten festlegte, das die Gemeinschaft als sinnvoll und für alle verpflichtend anerkannte – von der Taufe bis zum Totenschmaus.
Brauchtum meint auch den Erfahrungswert des Brauchbaren und Zweckmäßigen. Das gilt für bewährte Hausformen, Gerätschaften, Arbeitsmethoden oder Kleidung und erklärt, warum bäuerliche Gesellschaften konservativ geprägt sind: Jedes Experiment in Viehzucht oder Ackerbau birgt nämlich das Risiko eines Fehlschlages und damit einer existenziellen Katastrophe.
So hängt der Bauer wie keine soziale Gruppe sonst von den Kräften der Natur ab – von guter oder schlechter Ernte. Das erklärt, warum Religiosität auf dem Land ungleich tiefer verwurzelt ist als in der Stadt; warum alle Feste religiöse Anlässe haben.
Auch in der Gegenwart lebt Brauchtum; gewiß nicht das aus den tölpelhaften „Bauerntheatern“, sondern in neuen Formen der Gemeinschaft wie Dorfmusik, Schützenverein, Feuerwehr, Trachtenverein und Kirchenchor oder durch die Herstellung von Gütern des täglichen Gebrauchs nach bewährten Rezepten – von Speisen bis zur Kleidung.
Trachten und Heimatmuseen weisen Eigenständigkeit, Intelligenz und Leistungen unserer Ahnen aus, während die Gegenwart nun völlig andere Anforderungen stellt. Was dem Brauchtum Sinn gibt, ist aber auch heute die unverwechselbare Identität einer Gemeinschaft. Deshalb sorgt jetzt Brauchtumspflege dafür, daß die gewachsenen Lebensformen – Bauweise, Mundart, Speisen, Lieder, Tänze oder Strickmuster – der Oberpinzgauer und der Zillertaler nicht auf die rote Liste der vom Aussterben bedrohten Arten geraten: Diese Lebensformen sind nämlich unersetzliche Steine im großartigen Mosaik der europäischen Vielfalt.

Krimml um die Jahrhundertwende. Man beachte Zäune und Gatter, die Viehzucht und Ackerbau streng voneinander trennen. BILD: SALZBURGER LANDESARCHIV

Hauswurz - Sempervivum montanum

Der Hauswurz schrieb der Aberglaube die Kraft zu, den Blitz abzuschrecken, weshalb diese geschützte Alpenpflanze sogar heute noch auf Dächern angepflanzt wird. BILD: BAUMGARTNER

Mannsschild - Androsace alpina

Eine der vielen Arten von Mannsschild, der als typischer Bewohner der Gletscherzone und daher als „Hochalpinist" noch in der Gipfelregion des Großglockners gedeiht. BILD: AUSOBOSKY

Edelweiß - Leontopodium alpinum

Das streng geschützte Edelweiß ist aus asiatischen Steppengebieten in die Alpen zugewandert und wurde wegen seiner Schönheit zum Wahrzeichen vieler alpiner Vereine. BILD: BAUMGARTNER

Kriechende Nelkenwurz – Geum reptans

Die Kriechende Nelkenwurz liebt die Schutthalden in den Höhen über 2.000 Meter und heißt wegen ihres gezwirbelten braunen Fruchtschopfes im Volksmund „Petersbart". BILD: AUSOBOSKY

Die wetterharte Zirbe hält sich in Seehöhen bis zu 2.000 Metern und ist deshalb charakteristisch für den Nationalpark Hohe Tauern. BILD: RIEDER

Zum Nationalpark Hohe Tauern gehört auch von Bauernarbeit geprägtes Kulturland; als Beispiel dafür eine Mühle im Krimmler Achental. BILD: RIEDER

Ein bodenständiger Leckerbissen der deftigeren Art sind die „Pinzgauer Kasnocken", die man aus dem Pfandl löffelt. BILD: RIEDER

Schöner als über den Wolken auf der Königsleiten ist es wohl nur mehr im Himmel. Hier erschließen Lifte ein großräumiges, sanftes Skigebiet, das westwärts weit in das

Gerlostal hinaus reicht. Kenner rechnen das zum Feinsten, was Österreich an Pisten zu bieten hat. BILD: HUTTER

GERLOS IM ZILLERTAL

1.246 m

Gerlos im Zillertal, ein Gebirgsdorf in 1.246 m Seehöhe ist vor allem beliebt wegen der Möglichkeiten eines Aktivurlaubes.
Im **Sommer** gibt es unzählige Möglichkeiten von Wanderungen: von geführten Tal- oder Bergwanderungen bis hin zu Hochgebirgstouren. Daneben können Sie noch Surfen oder Rudern auf dem nahen Durlaßbodenstausee, beim Gästefußball aktiv mitmischen oder im Parcours Fitneß tanken. Weiter geht der Aktivurlaub mit Schwimmen im See oder in den Hallenbädern, Tennisspielen (im Freien oder in der Halle), Squashspielen im Tennis & Squash Center und Tanzen. Auch für unsere kleinsten Gäste besteht die Möglichkeit, im „Aktivgarten" mit Wandern, Spielen, Turnen, Basteln und Zeichnen einen unvergeßlichen Urlaub zu genießen.
Im **Winter** bieten wir Ihnen ein schneesicheres Schigebiet zwischen Tirol und Salzburg an. Der „Hochland-Ski-Dorado" Schipaß reicht vom Tiroler Ort Gerlos bis nach Königsleiten im salzburgischen „Pinzgau" und umfaßt mehr als 50 km Abfahrtspisten. Für ganz Aktive bietet der Zillertaler-Superschipaß mit über 150 Liften und 450 km Pisten das Optimum und schließt das Tiroler Zillertal und den kleinregionalen Grenzüberschreiter mit ein. Auch die neuen Sportarten wie Snowboarden, Monoski usw. haben bei uns auf fast allen Liften freie Fahrt. Langläufern stehen 20 km bestens präparierte Langlaufloipen bereit und eine Höhenloipe (10 km) garantiert vergnügliches Gleiten bis ins Frühjahr.
Für Nicht-Schisportler steht ein weiter Bogen an Vergnügungen parat. Dazu gehören Hallenbäder, Saunen, Solarien, eine Tennishalle mit 3 Plätzen und zwei Squashboxen. Am Abend können Sie sich von Pferdekutschen durch unseren schönen Ort chauffieren lassen!

Auskünfte: **Tourismusverband Gerlos, A-6282 Gerlos 141, Telefon 05284/5244-0, Telefax 05284/5244-24**

KRIMML/HOCHKRIMML – GERLOSPLATTE

1.076 m - 2.040 m

Über Krimml/Hochkrimml können wir Ihnen viel erzählen!

Zum Beispiel über den Nationalpark Hohe Tauern, in dem Krimml/Hochkrimml liegt. Oder über das mächtige Bergpanorama, das rund um Krimml über dreitausend Meter hoch aufragt. Oder über die „Krimmler Wasserfälle" mit einer Fallhöhe von 380 m das einzige Naturdenkmal Österreichs mit europäischem Diplom. Wir könnten Ihnen über die „Knappenlöcher", die wildromantische „Leitenkammerklamm" und die aus dem Mittelalter stammende „Krimmler Pfarrkirche" erzählen. Über Natur und Kultur, über lebendiges, echtes Brauchtum oder traditionelle Almbewirtschaftung hätten wir auch allerlei zu berichten.

Oder über die sportliche Seite von Krimml/Hochkrimml: Start zum „Tauernradweg", Tennisvergnügen, Minigolf, Ausgangspunkt zu Wanderungen in die Hochgebirgsregion. Wenn Sie Wintersport plus Natur erleben möchten, dann sind Sie hier ganz genau richtig! Sonne und Schnee, alles, was ein Urlauberherz begehrt und höher schlagen läßt: 30 km Abfahrten, die mit 8 Schleppliften und einer Vierersesselbahn erreichbar sind; 50 km Langlaufloipen und 2 km Naturrodelbahn; ein Natureislaufplatz und 15 km geräumte Winterwanderwege in nebelfreier Lage..
Wir könnten Ihnen eine urige, heile Welt beschreiben. Aber wir tun es nicht! Denn jede Beschreibung liefert nur ein unvollständiges Bild der Wirklichkeit. Kommen Sie lieber selbst nach Krimml/Hochkrimml, um mit allen Sinnen zu erleben, wie Krimml/Hochkrimml wirklich ist.

Auskünfte: **Fremdenverkehrsverband Krimml, A-5743 Krimml/Hochkrimml, Telefon 0 65 64 /239, Telefax 0 65 64 /550**

WALD/KÖNIGSLEITEN IM NATIONALPARK „HOHE TAUERN"

900 m/1.600 m - 2.300 m

Wald im Pinzgau, ein in 900 m Seehöhe idyllisch gelegenes Bergdorf, eingebettet im Nationalpark Hohe Tauern, hat knapp über 1.000 Einwohner. Es ist gelungen, Wald/Königsleiten als Ihren Urlaubsort sowohl für den Winter als auch für den Sommer attraktiv zu gestalten.
Im **Sommer** zählen die nur ca. 5 km entfernten weltberühmten „Krimmler Wasserfälle" zur besonderen Attraktion neben der Wasserkapelle am Fuß des Sixtberges, dem Markkirchl (Landesgrenze Salzburg - Tirol; Salzachursprung) und der Christkönigskapelle (Königsleiten) in 1.600 m Seehöhe. Sie finden bei uns viele Wandermöglichkeiten: Für gemütliche Wanderungen gibt es Spaziergänge in der örtlichen Umgebung. Aber es existiert auch eine breite Palette von Bergwanderungen: Touren auf die Königsleitenspitze oder auf den Gernkogel für gemütliche Bergwanderer, für anspruchsvolle Gipfelstürmer das Kröndlhorn oder den Großvenediger.
Zur Erholung können wir Ihnen ein beheiztes Freibad anbieten. Außerdem gibt es einen Fluorit-Schaustollen sowie ein Mineralienmuseum zu besichtigen.
Im **Winter** verfügen wir über ein schneesicheres Schigebiet, das „Hochland Schidorado Wald-Königsleiten-Gerlos" mit der „2-Länder-Schischaukel" zwischen Salzburg und Tirol. Diese Schischaukel umfaßt 26 Liftanlagen und unendliche Abfahrtskilometer im Schigebiet Königsleiten-Gerlos von 1.600 m bis 2.300 m. Unsere Schikarten sind auch im gesamten Zillertal sowie beim Hintertuxer-Gletscher gültig!
Für Langläufer ist durch den Anschluß an die 200 km lange Pinzgau-Loipe bestens gesorgt.
Wir würden uns freuen, auch Sie in unserem „Urlaubseldorado" begrüßen zu dürfen.

Auskünfte: **Tourismusverband Wald/Königsleiten, A-5742 Wald im Pinzgau, Telefon 0 65 65/82 43-0, Telefax 0 65 65/82 43-5**

Der Durlaßspeicher vor den Gletschern der Reichenspitzgruppe wird zunehmend als Ankerplatz für gestreßte Gemüter geschätzt. BILD: TKW